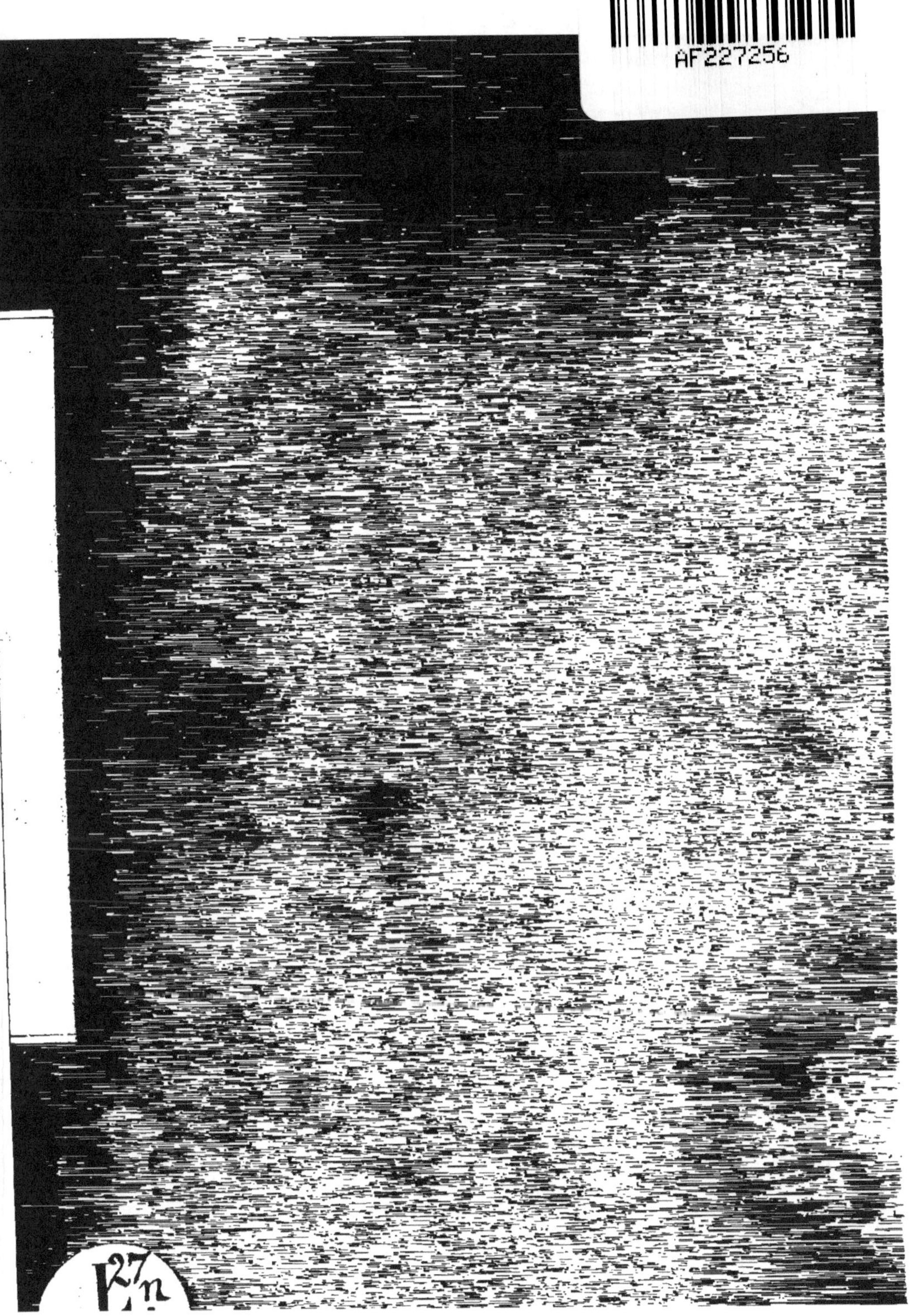

BIBLIOTHÈQUE

A LA MÉMOIRE

DE

M. E. VIGUIER

9790. — IMPRIMERIE GÉNÉRALE DE CH. LAHURE

Rue de Fleurus, 9, à Paris

A LA MÉMOIRE

DE

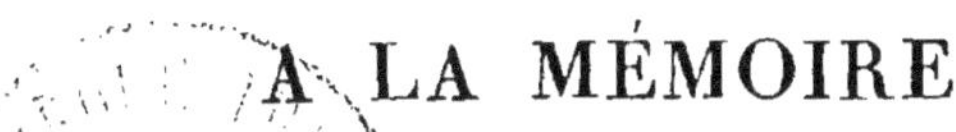

M. E. VIGUIER

INSPECTEUR GÉNÉRAL DE L'UNIVERSITÉ, HONORAIRE

OFFICIER DE LA LÉGION-D'HONNEUR

NÉ A PARIS LE 19 OCTOBRE 1793

MORT A PRÉCY-SUR-OISE LE 11 OCTOBRE 1867

La famille de M. E. Viguier croit rendre un pieux hommage à sa mémoire, et répondre au secret désir d'un grand nombre de ses amis en
rassemblant et reproduisant les articles nécrologiques ci-après qui lui
ont été consacrés dans divers journaux de Paris. Elle saisit cette occasion
de transmettre aux auteurs de ces divers articles l'expression de tous ses
sentiments de gratitude.

Extrait du *MONITEUR UNIVERSEL*
du 7 novembre 1867.

(Article de M. Sainte-Beuve.)

M. Viguier, ancien inspecteur général de l'Université,
ancien directeur des études et maître de conférences à
l'École normale, est mort le 11 octobre dernier à Précy-
sur-Oise, où il vivait retiré depuis quelque temps. Cet
homme rare, qui n'était bien connu que de ses amis, a
rendu dans sa vie de grands services aux Lettres, mais des
services qu'il se plaisait en quelque sorte à ensevelir : il
aimait à perdre ses travaux dans la renommée de ses amis.
Élève du lycée Charlemagne, où il fut condisciple de
M. Victor Cousin, il y contracta avec lui dès l'enfance une
de ces intimités que rien n'altère ni ne disjoint, et où le
plus dévoué se donne sans réserve au plus fort. Il appartint
comme élève à la première génération de l'École normale
en 1811 ; il fit partie de ce qu'on pourrait appeler sans

exagération l'avant-garde intellectuelle du jeune siècle :
toutes les idées et les vues nouvelles qui flottaient depuis
quelques années dans l'air et qui émanaient du monde de
Mme de Staël, — qu'elle-même devait au commerce de
l'Allemagne, — devinrent pour la première fois chez nous,
dans cette haute École, des études précises et bien françaises. Antiquité grecque, connaissance des langues et des
littératures étrangères, philologie comparée, histoire reprise aux sources, philosophie et science du beau, M. Viguier, — de concert avec ses jeunes amis, Cousin, Loyson,
Patin, Guigniaut et d'autres encore, toute une élite, — se
mit résolûment à aborder ces branches toutes neuves ou
renouvelées, à les suivre de près et à s'en rendre maître,
comme s'il avait fait de chacune sa vocation spéciale. C'est
un amer regret pour tous ceux qui l'ont connu et apprécié,
qu'il n'ait pas fixé en quelque ouvrage, entrepris à temps,
cette quantité de notions étendues, de remarques tour à
tour fines ou élevées, qui composaient son trésor. Véritable
maître, il dépensait toute sa science dans des leçons, dans
des conférences, dans des entretiens fructueux pour qui
l'écoutait : il ne réservait rien. Dire qu'il est pour quelque
chose ou pour beaucoup dans la traduction du *Platon* de
son célèbre ami ; que le *Manuel de l'histoire de la Philosophie* de Tennemann a été entièrement traduit par lui ;
qu'il a, depuis et jusque dans les derniers temps, donné ses
soins à bien des textes, notamment au texte italien de l'édition de Dante, illustrée par Doré ; qu'il y a mis des notes ;
qu'il a, sur quelques points, et d'accord avec Fiorentino
lui-même, contribué à en perfectionner la traduction déjà
excellente ; que dans les œuvres de Corneille, publiées sous
la direction de M. Adolphe Régnier, il a soigné toute la
partie des imitations espagnoles et les a pesées dans la plus
juste balance : dire toute cela, c'est ne donner qu'une bien

faible idée du mérite, des connaissances, de l'utilité pratique, des services enfouis et de l'inépuisable obligeance de M. Viguier.

Combien de fois, il y a près de quarante ans, ne l'ai-je pas rencontré dans la plaine de Vanves (il passait alors les étés à Issy) tenant un livre à la main et lisant sous le soleil! C'était Sophocle ou Euripide, texte grec, qu'il lisait. Une autre fois, c'était Gœthe : et si alors vous l'interrompiez brusquement dans sa lecture, il fallait entendre comme, tout plein de son auteur, il vous en parlait : la source coulait d'elle-même; les remarques les plus fines, les plus délicates de style se succédaient sur ses lèvres, et vous aviez une conférence improvisée. Il sentait la manière de chaque grand auteur avec une singulière vivacité d'impressions et, on peut dire littéralement, *jusqu'au bout des ongles ;* son geste même l'indiquait : il avait hérité de la sensibilité esthétique de l'un de ses premiers maîtres, l'abbé Mablin, le Toscan attique. Il comparait spontanément les écrivains des diverses nations, il les rapprochait d'une manière inattendue et avec une sorte de recherche ingénieuse qui chez lui était naïve : ce qui aurait pu sembler de la subtilité n'était que la fleur suprême du goût. Il eût été digne d'être de l'Académie de la *Crusca*, non-seulement en Italie, mais de toutes les *Cruscas*, s'il y en avait eu une pour chaque littérature étrangère. Voyageur et curieux infatigable, à l'âge de soixante ans il revoyait l'Allemagne en détail, allait s'asseoir sur les bancs des Universités et se faisait un bonheur de se rompre de nouveau à la familiarité du puissant idiome. Il y avait entendu, trente années auparavant, tous les grands professeurs qui présidèrent à la renaissance de l'érudition et de la critique, et, entre autres, à Berlin, l'illustre Wolf. L'article *Wolf* de M. Viguier dans la *Biographie universelle* est fait d'original. Trente ans plus tard, il revoyait, en courant, les Universités des bords du Rhin, et le vieux Creutzer le mythologue, et l'historien Schlosser, et le jurisconsulte Mittermaier. Il redevenait étudiant comme au premier jour[1]. En tout de même : ces belles et illustres études de Gœthe, de Schiller, de Shakspeare, de Dante, de Calderon, dont tant de plumes brillantes, dont tant de chaires sonores nous parlaient magnifiquement mais un peu superficiellement, lui, il ne croyait jamais les posséder assez; il les faisait et les recommençait sans cesse dans une lecture assidue, les yeux collés sur les difficultés du

1. De Heidelberg, par exemple, il écrivait le 27 novembre 1852 : « .... Dès huit heures (du matin) on court à l'Université. C'est un bâtiment parfaitement accommodé pour une cinquantaine de cours de diverses facultés. — Je n'ai que l'embarras du choix; tous sont ouverts sans nulle façon. — Sur la même place est un grand bâtiment dit Museum qui est le casino des professeurs et des étudiants, des bourgeois et des étrangers, immense collection de journaux où règne le silence dans les salons de lecture, et qui contient une bibliothèque libéralement servie, des salles de conversation paisible, un vaste salon de concerts, institution des plus honorables (j'omets la fameuse bibliothèque de Heidelberg qui est à la disposition du public). — Enfin je me trouve ici sollicité par une prodigieuse envie de tout lire, de tout entendre, de tout voir et de tout dire, — de m'emparer de la langue la plus familière, de tous les cours, de tous les professeurs, de tous les journaux, de tous les livres, de tous les paysages et de toutes les montagnes. Vous concevez combien je dois trouver la journée courte, surtout en cette saison, surtout en me donnant le plaisir d'entendre trois ou quatre cours *de suite* dans la matinée, et deux ou trois dans l'après-midi jusqu'à sept heures. Je me suis trouvé une solidité à rester si longtemps sur les bancs dont je ne me serais pas cru capable. La fatigue est plus que compensée par le plaisir d'accoutumer mon oreille à la parole la plus rapide, outre l'intérêt même des cours qui sont si bien faits et si bien écoutés. Vous seriez bien frappé et charmé de la tenue de ces cours et de ces étudiants, et de leur maintien et de leur ton et de leur mise, et des cahiers qu'ils tiennent à chaque cours avec tant d'ordre. C'est une civilisation inconnue malheureusement chez nous; il est vrai qu'ils ne sont à l'Université que 6 à 7 cents et qu'ils n'ont point un Paris pour garnison. » — Je pourrais, si c'était le lieu, multiplier ici ces citations à l'appui.

(Note de M. Sainte-Beuve.)

texte autant que sur les beautés. Et en effet, pour qui l'a
vu, ses grands yeux saillants, à fleur de tête, semblaient
avides de regarder et comme naturellement voués à une
continuelle lecture. Et notez que, connaisseur des Anciens
comme personne et versé dans toute religion classique, il
restait ouvert et des plus sensibles aux découvertes et aux
merveilles du génie moderne. Les poésies populaires l'occu-
paient aussi et le passionnaient à la rencontre ; il les re-
cueillait chemin faisant à plaisir, air et paroles : ses amis se
surprirent plus d'une fois à sourire, en lui entendant réci-
ter, vouloir chanter et mettre en action les plus humbles
ballades et mélodies. On est tenté de maudire ce trop **de**
curiosité et d'étude qui l'a détourné d'une œuvre à lui,
d'une production durable. Il ne se décidait guère à un tra-
vail proprement dit que quand il y était sollicité par l'a-
mitié ou par un devoir.

Il doit se trouver dans les cartons du ministère de
l'Instruction publique des Rapports exquis de M. Viguier,
à propos de livres, la plupart assez insignifiants, qu'on
lui envoyait à examiner : sans y mettre rien de trop, il y
appliquait tout son savoir avec justesse. Quelque jeune ami
(et il en avait de cet âge, et un particulièrement bien digne
de lui[1]) devrait se donner pour tâche pieuse de recueillir
dans ses divers écrits et aussi dans les lettres pleines d'ef-
fusion et nourries de détails qu'il adressait à ses amis de
France durant ses voyages d'Allemagne et d'Italie, des ex-
traits, des pensées, des jugements, de quoi rappeler et fixer
dans la mémoire quelques traits au moins de la physiono-
mie de cet homme excellent dont les qualités morales et

---

1. M. Jules Gaillard, dont le dévouement presque filial sera pour la
famille de M. Viguier un éternel objet de reconnaissance.

(Note de la famille.)

la candeur égalaient la haute intelligence. Ce serait une urne modeste, mais qui renfermerait de précieuses reliques. Une première édition à cent exemplaires en amènerait peut-être une seconde, réclamée du public lettré, comme pour Joubert. J'ai tout à l'heure prononcé le mot de *candeur* : entendons-nous bien, cet homme de simplicité et de modestie n'était nullement dupe, et quand l'amitié ne l'enchaînait pas, il pénétrait avec bien de la sagacité ses grands contemporains universitaires : quelques lignes sur eux qui lui échappaient à l'occasion, tracées de son encre la plus légère, seraient, si on les détachait, tout un jugement. Nature d'ailleurs indulgente et bénigne s'il en fut, exempte de tout sentiment d'envie, lorsque tant de demi-habiles et de demi-savants se pavanent et triomphent, content de son sort et oubliant de se comparer, il n'éprouvait aucune amertume de n'avoir point donné au public toute sa mesure. L'étude désintéressée et sans terme, voilà proprement son caractère et sa devise. Il était lui-même le premier à sentir qu'il se livrait trop au plaisir de voir et d'apprendre indéfiniment, qu'il embrassait trop à la fois dans ses courses buissonnières à travers le monde, et il s'en confessait de bonne grâce, sauf à récidiver le lendemain. Je lis dans une des lettres affectueuses et touchantes que j'ai sous les yeux, écrites de Vienne à son vieil ami Théodore Gaillard, le parfait traducteur du *De Oratore*, des aveux et des semblants de remords de cette flânerie délicieuse, de cette humeur incurablement vagabonde qui le promenait par toutes les capitales, prenant de chacune ce qu'elle avait d'original et d'excellent : « Quelle existence frivole ! n'est-ce pas ? qu'elle flânerie égoïste ! Pensez-vous de moi ainsi ? l'entendez-vous dire ?... J'en serais pourtant fâché, et je ne voudrais pas, avec ce faux air de cosmopolite, perdre la sympathie des amis de mon village et de

mon voisinage, auxquels je pense sans cesse et que je reviendrai voir à temps, j'espère, avant les glaces de l'âge infirme et solitaire ; mais laissez-moi courir ma dernière course. » Cette course dernière ne venait jamais. Il était bien l'aîné d'Ampère en cela. Promeneur amusé de Munich à Vienne, de Vienne à Venise, de Venise à Milan, et se reprochant les agréments mêmes du séjour, un certain charme de sociabilité qu'il rencontrait d'autant mieux chez les autres qu'il le portait avec lui, il écrivait encore : « Dans le voyage de la vie, il ne faut pas trop s'attacher aux stations de passage, où l'on ne peut pas compter de retourner, parce qu'après tout, et avant tout, il faut compter sur le poste final de la famille et des vieux amis, où nous attendent le dernier banc au soleil ou à l'ombre, et nos derniers tisons. » Il a eu son dernier banc au soleil. Mort le 11 octobre 1867, il était né le 19 octobre 1793 : il avait 74 ans. Mais l'expression de son visage et l'allure de sa personne étaient, presque jusqu'à la fin, restées jeunes. Dans cet esprit toujours en marche, l'enveloppe seulement avait diminué ; rien ne s'était appesanti.

'SAINTE-BEUVE.

Extrait au journal LE TEMPS du 19 *octobre* 1867.

La *Revue de l'Instruction publique* nous apprend la mort de M. Épagomène Viguier, ancien professeur de l'Université et inspecteur général en retraite.

Né en 1793, M. Viguier avait fait ses études au lycée Charlemagne, où il fut condisciple de M. Victor Cousin,

auquel sa famille rendit des services qui furent entre les deux élèves l'origine d'une amitié de toute la vie. Après avoir passé par l'enseignement des colléges, M. Viguier devint maître de conférences à l'École normale, où il a laissé de brillants et durables souvenirs. Promu plus tard aux fonctions d'inspecteur général, il rendit de grands services à l'Université par la sûreté et la justesse de ses appréciations.

M. Viguier était un homme de grande érudition et du goût le plus exquis. On lui attribue la traduction du *Manuel de l'histoire de la philosophie* de Tennemann, publiée par Victor Cousin, et une part de collaboration dans certains travaux du célèbre philosophe. Cousin a dédié à M. Viguier la traduction d'un des traités de Platon.

Frédéric Lock.

Extrait du journal LE TEMPS du 21 octobre 1867.

(Article de M. Mézières.)

Un homme de bien et de mérite vient de s'éteindre doucement, presque sans souffrance, à Précy-sur-Oise, où il passait tous ses étés dans une studieuse retraite. M. Viguier, ancien directeur des études à l'École normale supérieure, ancien inspecteur général de l'instruction publique, appartenait à la première génération de cette grande école, dont il est devenu ensuite un des maîtres les plus honorés. Il y était entré en 1810, la même année que M. Cousin, auquel le liait une étroite amitié, transformée plus tard en une ac-

tive collaboration littéraire. Parmi ses contemporains, M. Viguier représentait surtout l'infatigable curiosité de l'esprit et la rare diversité du savoir. Les idiomes modernes, l'allemand, l'anglais, l'italien, l'espagnol, le portugais lui étaient aussi familiers que les langues anciennes. Il les possédait à fond, il en savait les délicatesses, il en recherchait même les difficultés pour le plaisir de les expliquer, et il étonnait quelquefois les étrangers par la subtilité avec laquelle il pénétrait le sens de leurs textes les plus obcurs. Chargé de revoir la traduction que Fiorentino a faite de la *Divine Comédie*, il y proposa plus d'une fois des changements que le traducteur, tout Italien qu'il fût, acceptait avec beaucoup de bonne grâce et de déférence. En 1846, M. Viguier écrivit une piquante brochure sur les rapports du théâtre de Corneille et du théâtre espagnol. Il préludait ainsi aux ingénieux commentaires dont il a enrichi la belle édition de Corneille, que publie la maison Hachette, sous la direction de M. Adolphe Régnier. Les connaisseurs y remarqueront surtout la comparaison du *Menteur* et de la pièce espagnole qui en a fourni le sujet.

La vie de M. Viguier a été tout entière une vie d'études et de lectures. Dans sa jeunesse, il travaillait avec M. Cousin à la traduction de Platon, il aidait son illustre ami à traduire le *Manuel de l'histoire de la philosophie* de Tennemann. Dans sa vieillesse, à plus de soixante ans, il allait s'asseoir sur les bancs des Universités de Bonn et d'Heidelberg, au milieu des étudiants allemands, pour entendre parler de philologie, de philosophie, d'histoire par quelques-uns des maîtres de la science moderne. Jusqu'à son dernier jour, quelques livres choisis, un jeune ami formé à son école, comme lui passionné pour l'étude, ont été ses meilleurs, ses plus fidèles compagnons.

MÉZIÈRES.

Extrait

de la REVUE DE L'INSTRUCTION PUBLIQUE
du 17 octobre 1867.

. . . .

Il nous reste peu de place pour parler de M. Viguier, sur lequel du reste nous avions beaucoup moins de renseignements à fournir, mais dont la mort n'en est pas moins un véritable deuil pour l'Université. Il a été une des gloires du corps enseignant, comme maître de conférences à l'École normale supérieure et comme inspecteur général de l'enseignement secondaire. L'érudition multiple et profonde de M. Viguier n'était égalée que par la sûreté du goût le plus exquis et le plus judicieux. Il possédait à fond les langues vivantes de l'Europe, et l'a prouvé par plusieurs écrits trop rares, où l'élégance et le savoir sont réunis.

M. Viguier était peut-être plus apprécié encore pour l'amabilité de son caractère et son indulgence extrême. Celui qui écrit ces lignes se rappelle encore que quand il débutait dans une chaire du collége Charlemagne en 1828 (il y aura bientôt quarante ans), M. Viguier vint, par délégation, inspecter sa classe, à l'époque des examens qu'on appelle alors « examens du sixième mois. » Il encouragea les élèves et le jeune professeur avec une bonté et une douceur sans égales. Il provoqua même, par son rapport, une lettre de félicitation adressée au professeur par le ministre d'alors, M. de Vatimesnil ; et celui qui, jeune maître à cette époque, à pris sa retraite depuis sept ans, se rappelle toujours avec une profonde gratitude cette bienvaillance d'autrefois. C'est pour lui une véritable satisfaction d'offrir ici son hommage à une mémoire qui en recueillera de plus précieux sans doute, mais non de plus sincères.

Pour revenir à M. Viguier, ce qui aura été peut-être plus remarqué dans sa vie, c'est l'amitié, si connue, qui l'unissait à l'illustre Victor Cousin. Ils s'étaient connus sur les bancs du lycée Charlemagne. Cousin appartenait à une famille des plus humbles ; Viguier, au contraire, tenait à une bourgeoisie presque opulente, et, comme il se pratique quelquefois d'une manière touchante dans les relations du collége, ce fut la famille de l'écolier riche et bien posé dans le monde qui protégea et soutint en quelque sorte le fils du modeste artisan, destiné plus tard à s'élever si haut. Cousin paya glorieusement cette dette, qu'il avouait, du reste. Le nom de M. Épagomène Viguier figure au frontispice d'un des traités du *Platon* traduit par Cousin, et jusqu'au dernier moment l'illustre philosophe proclamait avec sa verve et sa chaleur habituelles les mérites réels de son modeste et vertueux ami.

V. Bétolaud.

————————

Extrait du **JOURNAL DES DÉBATS**

du 7 *novembre* 1867.

(Article de M. Patin.)

L'Université, et en particulier l'École normale, ont été affligées cette année par des pertes cruelles. Dès le commencement de janvier, le nom illustre de Victor Cousin a ouvert une liste funèbre, déjà bien longue, où vient encore de s'inscrire, il y a quelques jours, le 11 octobre, un nom bien justement honoré, celui de M. Viguier, le plus ancien de ses condisciples et de ses amis, l'un des confidents préférés de ses pensées, de ses travaux, et, pendant plusieurs années, son dévoué coopérateur dans la direction d'un grand établissement d'instruction publique. A peu près du même âge, étant nés l'un et l'autre en 1792, ils avaient fait ensemble de fortes études au lycée Charlemagne, et lorsqu'en 1810 et 1811 se constitua l'École où devait se préparer, pour le recrutement de l'Université renaissante, un nouveau corps enseignant, ils s'y trouvèrent une seconde fois réunis et de plus en plus rapprochés par la communauté de leurs souvenirs de collége, de leurs goûts studieux, de leurs nobles penchants, d'une même destinée, d'une croissante affection. Dans cette élite de jeunes gens distingués qu'avait comme convoqués l'institution nouvelle, Viguier se fit singulièrement remarquer. La curiosité active et la culture variée de son esprit, l'indépendance et l'honnêteté de son jugement, la finesse de ses vues, de rares mérites de pensée et de style qui promettaient un écrivain, attirèrent aussitôt sur lui l'attention et l'intérêt. En même temps les qualités d'un cœur excellent, beaucoup de droiture, de sincérité, de candeur même, d'affectueux dévouement, lui firent dès lors de ses principaux émules et de quelques-uns de ses maîtres autant d'amis qui ont joui longtemps avec charme de son commerce, et qui aujourd'hui, je parle de ceux qui survivent, en regrettent amèrement la douceur.

Viguier n'a pas trompé les espérances qu'il avait pu faire concevoir à l'Université; il s'est montré pendant de longues années et dans des conditions fort diverses, un de ses serviteurs les plus zélés et les plus utiles. Le lycée Charlemagne et l'École normale, où il s'était formé, n'ont pas tardé à le reprendre, et se sont félicités de le compter, l'un parmi ses professeurs, l'autre au nombre de ses maîtres de conférences. A cette dernière qualité, il joignit en 1835, dans l'École normale dont Victor Cousin venait de recevoir la direction supérieure, la place, rétablie pour lui, de directeur des études. Il avait été précédemment inspecteur de l'académie de Paris ; il devint, lorsqu'il quitta l'École normale, inspecteur général de l'Université. Dans ces hautes fonctions, si importantes et si délicates, il porta, jusqu'au jour d'une retraite qui fut jugée prématurée, l'autorité de son savoir et de son goût, son esprit de discernement, de justice, de bienveillance, une sévérité discrète que tempéraient de généreux égards pour les situations et les personnes.

Quelque chose a manqué à une carrière si remplie : Viguier n'est point devenu, on doit vivement le regretter, l'écrivain que l'on attendait. Il a été constamment détourné d'écrire par une modeste défiance de lui-même, par les scrupules d'un esprit difficile à satisfaire, par une sorte d'inquiétude passionnée qui le portait sans cesse vers des études nouvelles, et, plus que tout cela, par une disposition trop désintéressée à mettre complaisamment au service d'autrui le trésor perpétuellement accru de ses connaissances et la clairvoyance de sa critique. Familier non-seulement avec les langues de l'antiquité, occupation de ses jeunes années, mais avec les principales langues de l'Europe moderne, l'allemand, l'anglais, l'italien, l'espagnol, les sachant en philologue, et, de plus, par les subtiles intuitions d'un coup d'œil exercé, en pénétrant les plus exquises délicatesses, pouvant sentir et juger, sans intermédiaire trompeur, toutes les œuvres, tous les écrivains qui s'y sont produits, joignant à ces avantages la liberté d'un goût que le commerce de tant de littératures avait affranchi du joug des conventions

locales, et rendu capable de discerner le vrai et le beau
sous leurs formes les plus variées, il eût pu certainement se
faire une belle place auprès des historiens des lettres dont
s'honore notre âge, s'il n'eût mieux aimé se réduire modestement aux jouissances contemplatives de ses lectures,
de ses recherches, de ses observations.

Il se peut cependant, et dans ses conversations certaines
confidences ont permis de le conjecturer, qu'il ait été tenté
par quelqu'une de ces questions de littérature comparée
qu'ont proposées de temps à autre nos Académies, et qui
devaient naturellement attirer un savant, un critique si bien
préparé, si apte à les traiter. On est aussi autorisé à penser
que les soins donnés par lui, dans ces dernières années, au
texte et à la traduction qui accompagnent *le Dante illustré*
de Gustave Doré, l'auraient conduit à s'occuper d'une édition savante du grand poëte florentin. De ces travaux, s'il
les a en effet entrepris et commencés, rien n'a été rendu
public : il ne reste de lui, on ne saurait le dire sans tristesse, que quelques pages à peine, bien propres sans doute
à inspirer le regret de ce qu'il eût pu produire, mais
qui sont loin toutefois d'en donner la mesure. Elles se
succèdent, comme accidentellement, à de lointains intervalles.

C'est, en 1814, une ingénieuse et élégante thèse sur la
question tant débattue du goût[1]. C'est, vers 1817, dans une
Revue publiée alors par M. Guizot[2], un court chapitre
d'esthétique dont j'ai conservé le souvenir, et que je crois
pouvoir lui attribuer. On y décrit et on y juge, avec un
sentiment élevé et délicat de l'art, quelques beaux tableaux

---

1. *Des principes et des lois du goût appliqués à la littérature.* Paris,
1814, in-4º.
2. *Archives politiques, philosophiques et littéraires.*

de Raphaël, propriété de l'Espagne, qu'on restaurait en ce moment à Paris. C'est, en 1846, dans un Mémoire écrit pour l'Académie des Sciences, Belles-Lettres et Arts de Rouen, une très-vive et très-convaincante revendication de l'originalité contestée à tort par nos critiques, sur la foi de Voltaire, à quelques belles œuvres de Corneille[1].

Je dois rappeler à part, comme intéressant surtout ses sentiments, une simple et touchante notice consacrée par lui, en 1826, à la mémoire de Larauza, en qui il venait de perdre l'ami le plus intime que lui eût donné l'École normale. Elle se lit au frontispice de l'*Histoire critique du passage des Alpes par Annibal*[2], production de grand mérite, r emment échappée de la main mourante du jeune maître, et dont, après sa triste fin, le zèle pieux de son frère d'adoption, — le mot n'a rien d'exagéré, — avait fait en quelque sorte son monument funèbre. L'ouvrage, où semble définitivement résolu un difficile problème d'érudition historique, ne saurait être oublié des savants ; mais depuis longtemps l'auteur lui-même ne vit plus que dans le souvenir fidèle de quelques contemporains auxquels il a été donné de connaître tout ce qu'il y avait en lui de si digne d'être aimé, estimé, révéré même. Dans un discours éloquent prononcé sur sa tombe, Cousin en avait retracé en quelques traits rapides une image[3] qu'à son appel Viguier reprit et compléta avec une émotion contenue qui n'en est que plus pénétrante. On ne peut relire ce morceau sans penser qu'en peignant son ami il s'est involontairement peint lui-même. C'est que ce qui les avait étroitement unis, c'étaient de no-

---

1. *Anecdotes littéraires sur Pierre Corneille, ou examen de quelques plagiats qui lui sont généralement imputés par ses divers commentateurs français, et en particulier par Voltaire.* Rouen, 1846, in-8º.

2. Paris, 1826, in-8º.

3. Voyez le recueil de ses *Fragments littéraires*. Paris, 1863, p. 64.

bles rapports d'esprit et de cœur, de belles convenances intellectuelles et morales.

Finissons par ce rapprochement, le plus naturel et le plus convenable hommage que nous puissions adresser à celui que nous pleurons. Ajoutons seulement que, frappé inopinément d'un mal qui, par sa marche rapide, a devancé toutes les inquiétudes, il s'est éteint en quelques jours, hors de Paris, à l'insu d'un certain nombre de ses amis, dont la place eût été près de son lit de douleur et à ses funérailles. Leur absence cependant n'a pas été complète : là se sont trouvés, pensée consolante, et le fils de feu Théodore Gaillard, sur qui Viguier avait reporté une bonne part de la vieille affection qu'il avait pour le père, ce cher compagnon de toute sa vie, et un autre de ses bien-aimés camarades et collègues, M. Dutrey. Qu'ils soient ici remerciés l'un et l'autre d'avoir été, dans la solitude de ce deuil imparfait, les interprètes et les représentants de notre commune douleur !

PATIN.

9790. — Imprimerie générale de Ch. Lahure, rue de Fleurus, 9, à Paris.

BIBLIOTHEQUE NATIONALE DE FRANCE

3 7502 01047797 6

www.ingramcontent.com/pod-product-compliance
Lightning Source LLC
Chambersburg PA
CBHW071444030726
47594CB00006B/2819